이별 사육사

이별 사육사

윤혜숙

현대시학시인선 128

윤혜숙

2018년 《문학사랑》으로 등단.
시집 『손끝 체온이 그리운 날』이 있음.
청양문학상. 충남문화재단창작지원금 수혜.
현) 충남작가회의, 천안문인협회 회원.
바람시문학회 동인.

gutnr123@naver.com

❋ 시인의 말

삐삐꽃 핀 동산에 앉아있었다
저기 저 길을 따라서 오고 가던 것들을 손꼽는다
해종일 풀을 뜯다 혼자서 집을 찾아가던
송아지가 있었다
흙먼지를 거느리고 돌아오던 막차에서
내리는 사람이 모두 아는 얼굴들만 같았다

함부로 날뛰던 나의 말들을 줄 세워 내보낸다
어느 길로 가더라도
넘어지지 말거라 간곡히 당부한다

그것들을 지켜내기 위하여
다시 일어선다

긴 그림자 하나가 나를 앞질러 간다
그늘도 환한 계절이다

― 모란 아래에서

차례

* 시인의 말

1부 아무 것도 아니다

이별 사육사	12
아무것도 아니다	14
민들레	16
아버지의 저울	17
끈	18
아지랑이를 신고 오시네	20
어버이날	22
돼지머리 성전	24
막차가 지나갔다	26
해바라기	28
먹지에 그린 집	30
고요는 간절하다	32
빛은 어디에서 필까?	34
귀울음의 겨울	36

2부 노을은 짜다

북채를 쥔 손	38
노을은 짜다	40
불씨를 소장하다	41
지나칠 수 없는	42
벌은 날개로 운다	44
아침을 여는 소리	46
탐색	48
비밀	50
죽음은 낯설다	51
주소 없이 적는다	52
풍경	54
묻지 마세요	56
목련은 필까?	58
천연덕스러운	60

3부 감꽃 떨어질 때

병천 오일장	64
느닷없이	66
그럼에도 불구하고	68
감꽃 떨어질 때	70
농사	72
달 뜨면 가야지	73
세상은 환하다지만	74
없는 강을 건너는 아이	76
사납기 그지없는	78
바다	80
개구리 우는 밤	82
가시	83
바람이 분다	84
부릅뜬다	86

4부 집 터

시작	90
만년필	91
벌에게 신세를 지다	92
귀 밝은 나무	94
빗물이 고였네	96
절망이거나, 간절이거나	98
부메랑	99
제 3의 눈	100
턱 받치는 여자	102
얼음 동굴	103
폐그물	104
저녁 숲에 들어	105
눈물	106
집 터	108

*해설
낯선 시선과 압축된 비유가 주는 즐거움 | 공광규(시인)

1부
아무것도 아니다

이별 사육사

길 떠나는 까닭을 다 아는 어미소

흰자위 가득한 눈자위로 날뛰다가

김 펄펄 나는 혓바닥으로

새끼 등짝에 촘촘히 적어두는 이별사가 길다

느닷없는 배앓이의 밤처럼

앉지도 눕지도 못하는 송아지 곁으로

새들이 날아들었다, 날아갔다, 또다시 몰려든다

헌 신발짝처럼 벗어 놓은 코뚜레

외양간에 가득한 저것이 슬픔의 냄새라면

발버둥으로도 지울 수 없는

끊어 낼 수 없는

산목숨들의 모진 흔적

뒤꿈치 들고 내다보는

어미 떠난 길이 제 길인 줄 모르는

저 어린 것

쓸어줄 수도 없고 같이 울 수도 없어

풀더미나 뒤적이는

나는, 이별 사육사

꼬리 긴 울음쪽을 마냥 바라본다

아무것도 아니다

맑은 구름이 흐르는 눈으로
밥 달라고 들이대는 얼굴을 쓰다듬으려는데
고개를 외로 꼬고 꼬리 휘저으며 한발 비켜선다
입가 수염의 얼음을 바라보며
싸목싸목 걷는 사이

비늘구름에 노을빛 번지는 하늘
살 속으로 스며든 냄새를
단번에 떨쳐내지 못하는 것처럼
우거진 속눈썹, 얼음도 녹일 눈망울에
거름 밟히는 것쯤은 소맷자락으로 훔쳐낸다

간혹 들이박는 뿔에
쇠죽바가지로 으름장을 놓지만
벌름거리는 코, 되새김질하는 입을 바라보며
빈 입맛을 다시며

돌아서는 가슴에서 워낭소리가 난다

나무 꼭대기 까치집 위에 눈이 쌓이는 저녁이다
세상에는 눈물겨운 것들이 많기도 하다

민들레

탯줄 젖은 새끼에게
제가 가진 것 중 가장 부드러운 혀를 대지만
외양간 밖으로 나간 제 새끼를 부를 때는
커다란 눈에 흰자위만 보인다

뒤축 닳은 오빠의 신발이 집으로 돌아온 날 보았던
엄마의 눈이 그랬다

움켜쥔 흙으로 오빠를 덮던 저녁
어둑한 부엌에서 그 손으로 밥을 지었다

봄 햇살에도 잘린 가지에는 새순이 돋지 않듯
엄마의 가슴에는 잎새가 돋지 않았다

들녘의 꽃들이 곱고 예쁘지만
엄마의 계절에 새순 돋는 봄은 없다

뒤란 감나무 가지로 낯익은 바람이 지나갔다

아버지의 저울

만발한 저승꽃 숲에서 눈물 어룽거리는 눈

신발 속으로 지푸라기가 들어갔는지
여물 썰며 빼물던 담배 한 개비
화롯불에 불을 붙이고
침 묻은 담배를 내밀면 바람 담은 눈빛
봄바람인지 겨울바람인지 알 수 없었다
볏짚을 시름처럼 썰던 새파란 작두날

매듭 같은 코뚜레를 한 소
울음인지 웃음인지 읽을 수 없는 주름에
어둠이 깊다

햇살이 서쪽으로 휘어질 때
내 쪽으로만 기울던 저울의 추가 가슴에 얹혀 있다
날마다 더 차가워지는 아버지 옆, 갓 피어난 할미꽃

바람이 한 짐이다

끈

간밤, 머릿속에 훅 끼어든
넘겨짚은 안갯길이 아득하다

젖은 머리카락처럼 축축한 허물을 뒤적이는데
떨어지는 나뭇잎처럼 하얀 봉투가 휘날린다

모래를 헤집다가, 뒷걸음질을 치다가
돌 밑으로 들어가는 가재처럼
집게발 없는 구실이거나
게거품 쏟아낼 핑계이고 싶은데

시도 때도 없이 변하는 마음
버석거리는 가랑잎 같이 뒤짚힌다

결혼하면 끈이 있어야 한다고
끈부터 만들라고 하시던

명백한 이유가 눈에 드는 편지 속

얼크러진 끈을 다 어쩌라는 것인가

아지랑이를 신고 오시네

어린 햇살이 숨기 좋게 엎어진 신발짝
눌려 꺾인 뒤꿈치
밑창 따라 든 시간의 무게
헐거워지기까지의 사랑이 보인다

눈꺼풀 내려앉듯
물방울 얹은 풀잎 낭창거리고

발끝으로 엎어진 신발을 젖히는데
차이고 치인 흔적을 움켜쥐고
다시 엎어진다

검정 고무신, 두엄더미 앞 장화,
눈길 위의 털신, 몇 번 신지 않은 구두
신발장에 가득한데
버들가지 물오른다고

아지랑이를 신고 오시는 아버지

허름하고 낡은 것들 속마다 아버지의 맨발이 들어있다

어버이날

아버지는 바깥 우물길을 끼고 외양간을 멀리 에돌아 걸었다

넘어진 벽도 있고, 쓰러진 접시꽃도 있고
돌아서서 기침하는 아버지도 있다

알아듣지 못할 기침 소리에
눈을 크게 뜨고, 길길이 날뛰던 소
말귀를 알아듣고 발을 떼기까지
솥뚜껑 같은 손으로 무던히도 잔등 쓸었을 것이다

주인 발짝 소리, 기침 소리를 알아듣는 소

장날 아버지 따라 나갔던 소는 돌아오지 않고
둘둘 말은 신문지 속에서 등록금이 나왔다

소의 몸짓을 읽던 아버지

텅 빈 외양간 같은 아버지

장다리 꽃에 앉은 배추흰나비가 자꾸 팔랑거린다

돼지머리 성전

생참나무 타닥타닥 타오르고
무쇠솥뚜껑이 부르르 떨면
까무룩 죽었던 방이 살아난다

어둠을 밝히는 아궁이 불빛에
아버지는 손수 성전을 지으셨다

이목구비 뚜렷한 성전
귀, 코, 입, 곳곳마다 돈을 올리고
빗금 가지런한 문향 같은 기도와
바람이 드나든 지 오래된 무릎을 꿇어
소원을 아뢴다

세상에 나가 꽃으로 보이라 하셨을까
열매를 맺으라 하셨을까
어머니 속엣말이 궁금했는데

나는 성전을 지을 수 없어 시루떡을 한다
살얼음 잡힌 물 한 사발 올리고
삼켜지지 않는 말을 우물거린다

허술한 성전으로 피붙이를 불러 들이고
따듯하거라, 환하거라.
혼잣말이 자꾸 길어진다

막차가 지나갔다

엄마는 내리지 않았는데
흙먼지 날리며 윗동네로 올라가는 버스

해를 보며 시간을 가늠하는 엄마는
십리 길의 어둠을 더듬더듬 오겠다고
문구멍으로 들여다보는 달그림자

엄마의 음식은
눈대중, 손대중으로 끓여도 간이 일정한데
해넘이로 어림잡은 시간은 늘 빗나간다

버스를 타고 달린다
세상 상처에 닳아빠진 반지와
숫자가 큰 시계를 두고 떠난 엄마가
바깥 풍경으로 스친다

버스에서 내려 땅을 보고 걷다가

애먼 돌을 발로 걷어차는데

이상해라

명치끝이 아리네

해바라기

1.
신발, 뜰팡, 마루, 사방천지에 똥이라고
진흙을 이겨 지은 제비집을 헐었다

바람에 흔들리는 빨랫줄에 앉았다가
나뭇가지 끝에 앉았다가
몸이 달아서 제 집 주위를 맴돈다

제 날개를 믿고 한사코 나뭇가지를 물어다
그 자리에 다시 집을 짓지만
고향이라도 다시 깃들기는 어려운가보다

바람 가득한 집이다

2.

도회지로 떠난 자식

비 몰아치고 번개가 번쩍거리는데
빌딩 사이 거미줄에 걸린 것 같아
울음소리 들리는 듯한데

제비도, 아이도 보이지 않는다

먼지에 그린 집

텃밭 일구던 아버지를 기억하는 감나무 옆으로
젖니를 받아먹던 지붕도 늙어간다
수시로 집을 짓던 거미
귓속말까지 물어 나르던 참새, 생쥐 바글거리던 옛집을 그린다

감나무에서부터 시작된 흉년
딸 여섯에 아들 하나
성글게 열린 열매는 실하다던데
잎새만 무성하고 땡감으로 떨어졌다
꼭지 무르고 땅에 떨어지기까지의 먼 길
시퍼런 그림자가 몸집을 불린다

삭지 않고 꺾이지 않는 가지
숨구멍 같은 줄기까지 놓치지 않고 그리는데
캄캄한 그늘을 색칠하는데

자식을 놓친 감나무

눈을 감지 못하고 껍질 툭툭 터진다

감나무 단풍 붉고 붉고 또 붉다

고요는 간절하다

하늘이 어두운 것은
노을과 별과 달을 받아들이려는 준비다

쌀잠자리 날개 같은 베옷을 입고
한여름 저녁 봉숭아 물들일 때처럼
열 손가락을 꽁꽁 동여맨 어머니를 본다

다리를 곧게 뻗고서야 분칠을 하고
빛바랜 한지 같은 모습으로 마지막 세상을 바라본다

나는 오를 곳 없는 담쟁이 넝쿨 같아

모룻돌 같은 가슴
쇠하여 드러난 광대뼈를 보며
내 안에 몇십 년 묵힌 말을 꺼내는데
자꾸만 말이 엉킨다

어머니를 향하는 길목에

흰 국화꽃만 흐드러졌다

빛은 어디에서 필까?

손끝으로 세상을 더듬어 해독하는 사람에게
몸의 정렬을 맡긴다

실금 하나 보이지 않는 어둠 속을
점자로 짚으며 지나가는 손

오직 상상속 빛을 가두어 핀 뜨거운 꽃
결결이 층을 이루며 피었다가
다시 환하게 타오른다

캄캄한 눈빛 어딘가에 적어둔 이정표를 펼쳐보며
세상 쪽으로 뻗어나가는 길목을 짚어준다

쓰러지고 물러나던 뼈마디 추스려
바깥 쪽으로 가지런히 세워둔다

눈을 감고, 어둠의 모서리를 지나가기로는

다를 것 없는 두 사람이 몸을 일으킨다

귀울음의 겨울

삭풍이 휘몰아칠 때
금간 담벼락에 뿌리를 내렸을 담쟁이를 나무랄 수 없다

헛디딘 발로 뻗어나가던 줄기가
허공을 맴돌아 여전히 나가는 중이다

겨울이 깊고

삭은 지렛대의 맥을 짚 듯
마른 줄기를 엄지손톱으로 긁는데
푸른 맥이 황소울음을 뱉는다

눈동자 가득한 핏발을 늘어진 눈꺼풀로 덮으며
찬바람을 자세히 읽는 오늘
담장 밑에 떨어진 씨앗들이
쪼글쪼글 말라가는 것처럼

어머니의 겨울에는 귀울음이 자란다

2부

노을은 짜다

북채를 쥔 손

1.
망울진 것들 위에 봄눈이 내리면
냉가슴으로 피워낸 꽃들은 웃고 있지만
봄날 이울도록 발을 구를 것이다
눈을 감았다, 비비다 마른침을 돋울 것이다

오금에 낀 이끼가 나이를 먹고
발등 밟고 오른 칡넝쿨에 짓눌린 어깨
손톱이 닳고 발톱 빠진 나무의 그늘이 점점 줄어든다

2.

아름드리였던 사내

베개 자국 난 얼굴로 기지개를 켠다

반쯤 잘린 그늘에서

뼛속까지 간절한 기도를 하는 낯선 사내

그는

뼈마디 불거진 북채만 만지작거린다

나는

북채 앞에 엎드린 북이다

벙어리 울음을 두들겨 맞는 낡은 북이다

노을은 짜다

한쪽 귀 떨어져 나간 간장 항아리를 들여다보다가
계단식으로 줄어든 간장처럼
손가락 두 마디쯤 키가 줄어든 노인은
추운 날 아침이면 귀밑으로 어깨가 올라간다

비바람의 덫에 걸린 간장독이
잠 못 든 밤처럼 온몸 들쑤시는 통증쯤은
무심히 담아두었을 세월

땅에 쌓인 낙엽들
줍고, 쓸고 툭툭 털어내도 악착같이 달라붙는다

햇볕 아래 내려앉은 간장내 풍기는 등짝이
서서히 주저앉는 중이다

쌓아둔 것들을 다시 허무는
저 쓸쓸 위에 햇살 한가닥 슬며시 널어둔다

불씨를 소장하다

가뭄과 홍수가 자리싸움을 하는 가슴속

목이 긴 병 속의 찌꺼기 훑어내 듯
주먹으로 펑펑 두드린다

목젖을 치밀고 올라오는 신물
젖은 털을 터는 짐승처럼 순해지자고
가슴을 달래 보지만
연거푸 올라오는 기억에 얼굴 붉어지고

흔들리는 꽃잎에 날갯짓하는 나비가
누군가의 현생이라면
나비 몸을 빌어 나오기까지의 생이 아득한데

숨죽인 발걸음에도 파르르 날아오르는 것을 보면
햇살 반 그늘 반인 세상이 두려웠을까?

어디서 자꾸 서릿발 부서지는 소리가 들린다

지나칠 수 없는

쥐를 노리는 고양이처럼 걸어도
마른 가랑잎 밟는 소리 같아서 잔뜩 움크리고
중환자실 복도를 걷는다

근심처럼 엉킨 머리카락 아래
겉마른 생선 비늘처럼 입술 툭툭 터졌다

주저앉아있거나, 손톱을 물어뜯거나
늑골이 들썩이도록 한숨을 토해낸다

가슴으로 모은 두 손으로 기도를 붙잡다가
몸을 말아 스스로 동굴을 만들고
떨군 고개와 발등 사이의 가파른 절벽을
수천 번 오르내린다

살점 없는 허공의 뼈를 갉아먹으며

머뭇대는 시간

몸에서 가장 가까운 기도처에 손을 모은다

겨울 햇볕에도 꽃은 필까? 피겠지? 필거야
입술만 웃는다

벌은 날개로 운다

꽃술에 머리 박은 벌을 가두고 호박꽃을 묶었다
하늘이 닫혔을 벌의 절망을 베낀 듯

그해, 나의 하늘이 무너졌다

소나무 뿌리를 이식한 아버지의 등에
모로 눕던 까닭이 성글게 적혀있다
바람 한 점에도 떨리는 벼랑이었다

저승꽃 만발한 얼굴
햇볕 보지 못한 주름 속에
흰 국화꽃 흐드러진다

형제라는 이파리들 돋아났고
무쇠도 녹일 만큼 뜨거운 남편
하늘 같은 사람들이 곁에 있다

어떤 하늘에 가슴이 무너질지
어망 속 물고기처럼 파닥거리다
비늘만 벗겨진다

쉽게 잦아들지 않는 가슴속 파랑

아침을 여는 소리

현관문 두들기는 소리에 신발코를 밟는다
문틈으로 불쑥 들어오는 부침개

자명종 시계보다 따가운 아침 햇살에 눈을 찔린 듯
부침개 접시 위로 눈물을 떨굴뻔 했다

냇가 건너편 밭에 다녀온 옆집 할머니
젖꼭지 드러나는 런닝구를 벗을 시간이다

바람이 여름의 위로이듯
구름은 하늘에 떠있는 것만으로도
지친 것들을 쓰다듬는다
흐르는 듯 멈추는 구름처럼
아무 때나 들이미는 푸성귀 한 줌
호박전 한 접시

할머니가 흘러가는 방식은 구름을 닮았다

구름처럼 흘러가는 목숨이라니

할머니의 땀냄새에 울컥,

솟구친다

탐색

옻나무를 자른다
잘린 가지마다 끈적이는 옻나무의 붉은 비명

흐른다고 하지만 는적는적 머뭇거리는데

껍질을 감아도는 비명만으로도
사람쯤이야 단번에 쓰러뜨리기도 한다지만

아직, 물기로 남아 귀앓이 중인데
도사린 손톱인 것을 알기까지

멀다

무뎌진 톱날에 물어뜯긴 새빨간 거짓말이
베어낸 자국마다 질척이고

독을 거르고 나면 백 년쯤 너끈하다는
눈부신 옻칠로 다시 사는 옻나무가 사실은 두렵다

죽어서 다시 사는 것들은 얼마나 애절하겠나
혹은 이빨 으드득 깨물었겠나

비밀

간절한 시간 움켜쥐고 땅내 맡은 쇠비름을
뽑아, 흙을 털어 밭고랑 귀퉁이로 던진다

풀과 씨름하며 머리 벗겨지도록 햇볕과 맞서는 여름
끈덕지게 살아나는 쇠비름 뿌리처럼
밭둑을 지키는 모자 속이 궁금하다
허수아비가 눌러쓴 밀짚모자
뽑아 던진 뿌리 같은 머릿속은
비밀이 듬성듬성 자랄 것 같다

내던져진 쇠비름 뿌리가 땡볕에 말라 간다

밭고랑이 훤하다
바람길이 생겼다

죽음은 낯설다

바싹 마른나무가 물에 가라앉은 것처럼
까무룩 잦아든다

이봐요, 정신 차려요
굽이치는 물살 속으로 가라앉았다가
포근한 뻘 속으로 빨려 들어간다

속도를 가늠할 수 없는
달려드는 빛을 덮쳤을 뿐인데
몰려든 눈동자가 와글거린다

꼬이는 링거줄에 매달린 채
물살에 떠밀리는
나무토막 하나

어둠 속에 시작된 비
아직, 퍼붓고 있다

주소 없이 적는다

말만 하면 몸을 곱송거리던 너

찬바람 난 아침 속 신발 주인을 잃은
찰거머리 같은 슬픔을 떼어 내는데
밤 줍던 덤불 속 시간이 도깨비바늘처럼 달라붙는다

엄지발가락이 낀다던 신발
어깨가 무겁다던 옷가지
까닭을 아는지 모르는지 주인을 따라간다

나는 너를 들춰 보지 않았다

너의 몸이 말라 갈 때
그제야 병이 났구나, 시드는 중이구나
방심한 죄에 눈을 감고 어둠을 꺼낸다

부디, 외길이 외롭지 않길 바라면서

눈에 돋은 핏발을 잡초처럼 뽑아낸다

풍경

그만해, 지나가는 비처럼 속삭이는 엄마
형제는 엉덩이 문지르기 내기를 시작한다
저만큼이면 식당 바닥은 금방 깨끗해지겠다

달콤하게 웃는 엄마

뚝배기에서 설설 끓는 맛으로 먹는 국밥 그릇을 앞으로 당긴다
식탁이 잠깐 흔들렸을까
집었던 깍두기를 떨어뜨렸다
국밥 국물이 소낙비에 콩 튀듯 한다
떨어진 깍두기처럼 뒹구는 아이들을
두 눈으로 집어내다가
너그럽기가 아우내 장마당 같은
아이 엄마 쪽으로 눈을 흘긴다

남은 국밥 국물을 후후 불면서

까닭 없이 불끈거렸다

묻지 마세요

수면을 차고 공중으로 솟구쳐 오르는 가물치를 본다

첫눈 내리고
문고리에 손이 쩍쩍 달라붙는 날
들어선 506호

숨어들기 좋은 백색의 유배지
찬바람에도 식지 않은 얼굴을 감싼다

은밀하게 달아올랐거나, 사무쳤거나,
얽히고설켰거나
게슴츠레한 눈빛이 조명 아래 신음을 토한다

발버둥칠수록 비늘이 벗겨지는
그물에 걸린 물고기이다

설설 끓는 한우국밥을 밀어놓고

찬물 들이부운 밥을 목구멍으로 밀어 넣는다

비린내 홍건하다

솟구치지도 못하는 가물치 한 마리

목련은 필까?

풀뿌리 같은 혀를 사방으로 뻗는다

꽃대처럼 뽑아 올린 버석거리는 성에꽃 곁에서

봄은 언제 오나
송곳니 들어낸 바람이 웅얼거린다

언 땅 깊은 어둠 속
아랫목과 윗목의 서늘한 경계선

나는 쭉쭉 미끄러지다가

살얼음 잡힌 윗목에서
애벌레처럼 웅크려 잠을 부른다

고요에 갇힐수록 또렷하게 들리는

거친 숨소리

어둠을 쓸어 담는다

모난 돌은 채이는 법이라고

꾹꾹 눌러 삼킨 것들이 명치끝에 그득하다

저만큼, 캄캄한 목련이 봄인 줄은 알까?

천연덕스러운

퍼붓는 눈 속을 헤치고 가는 퇴근길

달리는 자동차를 막아서며
불빛을 가리고 차선을 지우는 눈보라

허방 짚은 차들이 가드레일에 부딪혀
깜빡깜빡 다급한 비명을 외친다

언 땅을 헤치고 돋아난 보리 싹 같은 말을
내가 언제 키웠더라

자동차의 눈을 믿어야 한다

등을 돌리며 떠났던 이름까지 부르며
후들거리는 다리에 힘을 준다

와이퍼를 하늘 쪽으로 올린다

하얗게 질린 항복이다

하얀 이빨로 세상을 삼킬 것 같던

눈발을 바라보는 마음이 푸근하다

3부
감꽃 떨어질 때

병천 오일장

양은 대접에 도토리묵을 담아 놓고
직접 쑤어 찰지다고 혼잣말을 툭 던지는 노인

암갈색으로 물든 손을 보며
진짜라고 믿는 눈들이 붐빈다

빈 그릇을 탁탁 털고
두 손으로 얼굴을 문지르는 노인
굵은 주름 속 버석거림을 모른 체

서둘러 좌판을 접으며
배추와 열무밭에 고라니가 내려올까
망을 치러 간다는데

밤마다 미납 세금을 받으러 다니듯
고라니와 멧돼지가 들쑤셔놓은 밭에서

마른 손바닥에 침을 퉤퉤 뱉을 테지

모든 먹이는 싸움에서 나온다

느닷없이

까닭도 묻지 못하고 눈 감은 감나무 앞에 한참을 서성인다

넓은 들녘과 냇가를 사이에 두고
가지가 휘어지도록 감을 매달았던 나무

장맛비에 무너진 제방을 고치며
뿌리째 버려졌다

제풀에 떨어진 풋감, 마른 감꼭지, 까치밥
나무의 계절이 빠르게 지나간다

시시때때로 드나들던 까치들
이제 어디 가서 밥을 먹나
끼니를 궁리 중인지 누운 나무 곁을 맴돌고

뿌리에 묻은 나무의 기억이

마른 살비듬으로 허옇게 떨어진다

초겨울로 접어들어

발걸음 앞질러가는 바람 스산한데

그럼에도 불구하고

바람의 방향을 짐작할 수 없어요

아랫목에 깔린 담요 속으로
언 손을 밀어 넣고
안 먹어도 배부르다는 엄마의 밥입니다

찬밥처럼 밀어 두지 마세요

눈 싸움에서 져주는 것은
이긴 사람의 눈이 젖어들기 때문입니다

소화되지 않은 밥알 따라 나오는 한숨
불티인 듯합니다

그럼에도 불구하고
마침표를 찍을 수 없습니다

눈 쌓인 아침이면

나뭇가지 짓누르는 것을

눈꽃이라 하지요

흔들지 않겠습니다

도낏자루도 나무입니다

감꽃 떨어질 때

두엄에 핀 호박꽃 환하고 덩굴손 푸르지만
밤새 짐승의 발걸음 소리에 가슴 두근거렸을 것이고
짓밟히는 꿈에 가위도 늘렸을 것인데
아침이면 호박넝쿨 땡볕을 기어간다

장맛비에 배꼽 짓무르고
몰아치는 태풍에 열매 떨구기도 할 텐데
아무것도 잡지 못한 덩굴손 오그라들었다

흠집난 호박 속에서 싹 틔운 씨앗
푸른 기억을 되살려 제 무게를 줄인다

기억을 더듬는 내내 살점을 덜어내거나
무너지는 돌담을 다시 쌓는다

바람에 감꽃 떨어지는데

얼굴에 웃음을 덧대며 돌담에 기댄다

당신이라는 플라시보 효과를 믿는다

농사

허공을 그러쥐고 서로 기대어 흔들리다
기어이 논바닥에 쓰러진 벼

가물어도 비가 내려도
마음 놓을 수 없는 또 다른 자식이다

유학 가는 큰애 가방을 쌌다 풀었다,
짐보다 무거운 내 가슴을 귀퉁이에 찔러 넣는다

빈 방을 열었다 닫았다,
파김치를 담그고
어제 삶은 수저를 다시 삶고

며칠 째 내다 널은 홑청마저 뜯는데
아이가 간 길을 더듬으며 툭툭 틀어지는
홑청

참 멀다

달 뜨면 가야지

벼랑 끝에서 중심을 잃는다
울돌목물길처럼 입안에서 휘몰아치는 소리
도리질 치고 헛손질하고
등줄기 흠뻑 젖은 새벽이다

자동차 브레이크를 밟아야 하는데
자꾸만 땅으로 꺼지는 몸
주먹 쥐고 안간힘 쓰다가 눈을 뜬다

가슴 쓸어내리며 땀을 식힌다

눈 감으면 수시로 들락거리는 꿈
눈 뜨면 계절 없이 바람이 불고

어제까지 눈 날리던 하늘에 햇살이 눈부시다

긴 꿈속에 둥근달이 휘영청 떠오르기를

세상은 환하다지만

늙은 반지하방에 간간이 들던 손바닥만 한 햇볕
어둠에 휩쓸려갔는데

불친절한 안개라면
잠시 축축하거나 눅눅할 테지만

더러는 그윽한 눈빛으로
꼭두서니 빛 노을을 바라보던 사람들
구름 뒤 햇살이 간절하겠다

흠씬 젖은 참깨꽃 연분홍이 활짝 피어난다
때가 너무 이르거나 늦은 것은
막막할 뿐이라서 제 발등 쪽으로 툭 떨어진다

가슴 골짜기에 달라붙은 젖은 꽃
근근이 살아갈 뿌리조차 쓸리는데

하늘과 구름과 나무

물거울 속에서 뒤엉키고

반지하방에 유배된 물고기가 있더라는 소문을 들었다

없는 강을 건너는 아이

제 눈 속에 햇살 담긴 날에만 대답하는 아이

개구리 반찬을 먹고 왔다기에
개구리 뒷다리처럼 통통한 말을 믿기로 하는데

바람 속을 헤엄치는 그림자처럼
아이의 물결이 무늬를 그린다

녹조 깔린 강의 깊이를 짐작할 수 없지만
드물게 바닥도 드러내는 강물
내 가슴에 강물의 주소가 적혀있다

윤슬 깔린 눈동자에 하얀 구름과 파란 하늘을 머금고
배시시 웃는다
그 아이의 말을 별이라고 부른다

자신의 강으로 빠져드는 아이에게

조약돌을 던진다

까르르 번지는 파문

사납기 그지없는

노봉주*를 마신다

내 안에도 벌이 있어서
나는 자주 잉잉 거린다

꽃술에 입 맞추고 살 부빌 때처럼
들쑤시면 왕왕거릴까 저만치 거리를 둔다

내 침에 쏘여 퉁퉁 부어올랐거나
가려움에 시달렸을 사람들
꿀에도 손사래를 친다

손톱달만큼 낮이 길어지면 날개를 펴는
벌의 우주를 통째로 삼킨다

고단할수록 사나워지는 내 안의 벌

늦은 저녁 분노의 맛을 넘기며

긴 생각의 끈을 자르자
한꺼번에 날아오르는 벌떼들
수습할 길이 없다

* 말벌의 벌집과 그 집에 살던 말벌, 유충을 담가 숙성시켜 먹는 술.

바다

잇몸을 파고드는 파도가 사납다

식탁에 자주 올린 멸치
얼마 전 새로 해 넣은 금니 사이에 끼었다

촘촘하게 쌓은 방파제에 걸려
파도가 부서질 때마다
터진 내장에서 비린내 풍긴다

잇몸이 얼얼하다

퉁퉁 부어오른 잇몸을 본다
너무 심한 통증에 방파제 부여잡고
온몸 던지며 밤새 우는 파도

거칠게 몰아쉬는 낮은 숨소리

주저앉고 싶을 때면 몰려드는 사람들

천 년 동안 썩지 않고
바다의 응어리가 되는 플라스틱

그래도 바다는 푸르다

개구리 우는 밤

후미진 구석에 가시풀 수북하다

줄기에 닿지 않으려고
젖혀가며 한옆으로 돌아간다

민들레, 애기똥풀, 개망초, 모일만큼 모여서 피었어도
공터는 늘 허름하다

풋것의 시간에서 단단해지기까지
눈이 아프도록 제 몸을 들여다보고
더듬었을 것이다

푸르고 푸른 이파리로 위장한 대나무도
가끔은 텅텅 빈 제 속을 보여주고 싶을 때가 있을 것이다

아무도 오지 않은 하루가 저문다

가시

찔레 덤불을 지나온 바람이 창문을 기웃댄다
머물다 사라지면 좋겠지만
마음을 깨우는 밤길이 따갑다

무릎에 떨어지는 달빛 소리를 거두어
무르익은 밤을 묶는
아랫집 귀 닫은 할머니

시계 초침소리 여울지고
긁힌 상처에 앉은 딱정이가 봉제선처럼 가슬거린다

물구슬 맺힌 나무의 눈이 푸르고
찔레 꽃봉오리 눈 뜨는 봄날

새 움인 척 가시 돋을지는 알 수 없다

바람이 분다

염치없지만, 꽃들의 시간에 끼어든다

산수유꽃의 여린 꽃술을 흔들다가
매화꽃 속에 빠졌다가
봄까치꽃 앞에 발이 저리도록 쪼그려 앉아
그리운 빛깔을 꺼낸다

바람에 흔들리는 봄
꽃 그리고 꽃

시린 뼈마디를 후비다가
꺾인 마디의 진물에 시난고난 매달려
햇볕 쪽으로 향하던 시간도 있겠지만
가뭇없는 곳으로 멀어진 꽃
여전히 향기 짙어

창문을 연다

그때처럼 마음 환하다

부릅뜬다

외양간으로 몰려든 참새 떼들에게
귀를 내어준 소
구유 속 똥에 깔려 누워서일까
꼬리 한 번 휘두르지 않는다

소를 대신한 내가 발을 구르고
휘둥그런 눈으로 팔을 휘저으며
입에서 나오는 대로 막말을 쏟아낸다

전깃줄로 물러나
나를 살피는, 작고, 시끄럽고, 버릇없는 재재거림들

발끝마다 차이던 돌멩이, 바람에 꺾인 나뭇가지 하나 없어
깊은 저물녘 바람처럼 맨 주먹으로 허공을 쥐어박는데

허구한 날 볏짚을 헤집는 통에

나는 지금 사자의 눈이다

참새 한 마리 깃들 숲도 없는

내 가슴을 들키지 않으려고 눈을 부릅뜬다

4부
집터

시작

꽃망울의 봉긋한 숨소리가 가만히 흔들리는 모과나무 가지 곁에
살얼음 잡힌 봄이 속살거린다
여우볕이 들기까지는 한참일 텐데

눈 속에서 푸른 잎이 돋거나
담장 밖으로 나오지 않는 새순을
쪼그려 앉아 대추나무를 살핀다

마른 나무에 물이 오르고
흔들릴 때마다 바람을 털어내고
햇살이 드나드는 길을 내고 아이야

떨어지면 다시 돋는 잎새가 되어라

마른가지에 새들이 둥그런 집을 짓는다
푸른 잎이 넓어져 그늘을 건넬 것이다

만년필

저 속을 알 수가 없다
햇볕이 쨍하다가 금세 비가 내린다
쏟아지는 비에 젖은 운동화가
벌컥벌컥 흙물 들이킨다

객지에서 온 큰애가 만년필을 쓱 내민다
마른나무를 보며
잎이 돋지 않을 것 같아 한숨이 깊었는데
속으로 물기가 돌고 있었구나

내 이름을 또박또박 써보는데
잉크에 젖은 이름이 번질듯, 번질듯,

젖은 운동화를 빨며
내뻗치는 물줄기에 옷이 젖어도
목젖이 보이도록 웃어제끼며

천지사방에 귀한 이름을 적어둔다

벌에게 신세를 지다

1.
통증은 알을 슬어 놓은 거미 같아서
날마다 촘촘하게 다가앉는데

창가에 세 들어 사는 거미
창문을 열면 얼굴에 길을 내고
다른 길을 잡아 허둥거린다

허리가 길이라고 수시로 드나드는 통증
어긋매끼 돌담도 세월에 무너진다지만
끊어도 지워도 떠나지 않는 길
사방이 거미줄이다

2.

없는 거미줄에 묶인 듯 침상에 누웠다

날개를 윙윙거리며 통증의 경로를 낱낱이 묻는 벌
아침이면 열리고
저녁이면 모르는 척 입다무는 나팔꽃처럼

벌 몇 마리 허리에 앉았다

나는 식물도감에 기록되지 않은 변종 나팔꽃이어서
꽃가루도, 꿀도, 나눠줄 수 없다

귀 밝은 나무

몇백 살 드셨다는 당산나무 앞에
길손들 앞다투어 탑의 키를 늘린다

도토리 수북한 것은 다람쥐가 다녀갔다는 것이고
눈물 홍건한 매미도 두 손 모았을 텐데
먼 데서 벙어리뻐꾸기까지 안부를 전한다

              *

내 가슴은 끝없는 사막이어서
수시로 모래바람 지나가고
길들이 모두 지워지는데
근엄한 나무 앞에 서둘러 두 손을 모은다

그늘 깊은 웃음, 헛기침이 간간이 섞인 간절
다 알고 있는 듯 우거진 느티나무

가슴에 접어둔

먼 낙타 발걸음 소리가 발밑을 흔든다

빗물이 고였네

그림처럼 흘러가는 구름에도 가슴 저릴 때가 있다

두려운 눈빛의 바람이 대문을 두드리다
멀어지는 소리

그림자까지 살아 움직이던 집이었지만
때로는 굽이굽이 긴 협곡이었을
양철 대문 집 창문에 불이 꺼졌다

아지랑이가 간간이 다녀가고

시멘트 고샅길에 쪼그리고 앉아
간신히 고개든 봄풀과 인사를 나눈다

볕 좋은 날 다시 돋으려고
씨앗 품고 있다는 간절한 말씀을 듣는다

마침내 숲을 이룰 연두가 그윽하다

저기 어디쯤 발소리 울릴 것을 안다고

묵은 나뭇잎 하나 절구통 속 하늘로 떠간다

절망이거나, 간절이거나

속내를 들킨 회색빛 하늘
눈이 퍼붓는다

계량기 동파 주의 문자를 눈에 담는다
눈발이 아니어도
사람에 얼고, 사람에 녹는다

눈사람의 얼어붙은 눈썹, 코, 입술에
하얀 국화 꽃잎 가만히 쌓인다

햇살 번지고 눈이 녹아도
녹을 수 없는 것들이 있다

부메랑

긴 혓바닥으로
세상이 벗겨낸 허물이나 뼈마디를
핥아보는 파도

풋것의 시간에서 노을의 시간까지
썩지 않은 것들을 토해내는 뒤틀림 끝

방파제를 쓸어보던 바다는
주춤주춤 물러나는데
한사코 던져 넣는 쓸쓸한 손

갈매기가 깃털을 날리며 맨발로 걷고
돌아서거나, 돌아보거나
울음을 깨물고 멀어지는 사람들

제 3의 눈

머리에서 회오리바람이 분다

유리알 박은 오드아이
작정하고 기다리는
저것의 속내를 알고 있는데
짧은 고요에 빠질 이유도 없는데
브레이크를 밟았을 때는
뒷걸음칠 수 없는 거리로 치달았다

어린이 보호구역

무리 지어 지나가다 흩어지는
병아리 떼
아차 싶은 병아리들
모이를 쪼아대고, 흘리고
노랗게 재재거리는 꿈나무를 향해

빛의 속도로 달려가 품는 어미닭

길 위에 있는 것들은
풀 한 포기조차도 아슬아슬하다

턱 받치는 여자

빛바랜 단청이 되어가는 여인

먼 산을 바라보다가 구름을 쫓다가

음지 쪽 가슴에 햇살을 들이고
생각을 널어 말리는 건 아닌지
시린 곳을 헤치고 새순 돋는 봄풀처럼
턱 받치고 졸다 깨다

바람은 불고
젖은 손으로 머리를 쓸어올린다

오래 밀쳐두고 포장을 뜯지 않은 선물 같은
여자의 끈이 저 혼자 삭아가겠다

천천히 가벼워지는 저를 위해
저 여자, 턱 받치는 여자

얼음 동굴

깨금발 봉충걸음*도 아닌
창문 더듬는 바람을 해독하다
잠을 이루지 못하는데
귓속에서 문고리 흔들리는 소리가 난다

안개눈썹 씰룩이며 마음 너울지게 했던 말
주저앉히는 우렁 속 같은 덫이었고
후벼팔수록 조여드는 굴레였다

굴러야 하는 굴렁쇠의 속도처럼

깨진 얼음에 무지개가 섰다
아롱무늬 조각을 맞추는데 무늬가 자꾸 어긋난다
깨지지 않기 위해 어둠의 두께를 늘리는
얼음 속에 동굴이 있나보다

* 한쪽이 짧은 다리로 절뚝거리며 걷는 걸음.

폐그물

거미줄에 걸린 다급한 날갯짓을
고요히 지켜보는 가로등

발버둥칠수록 죄어오는 작은 가슴의 팔딱임을 본다

거미도 나방도 아무 상관없는 별과 달은
저만큼 물러나 있고

아카시아꽃처럼 피었다 시든 사람이 있어
가로등 불빛으로 뛰어든 나방도 되어 보았고
밤낮 가슴을 도는 연자매에 통증의 껍질을 벗긴 적도 있었다

벌레 먹은 푸른 잎사귀
살점이 뜯기고 실핏줄 다 들어나서
바람 숭숭 드나든다

허공에 폐그물을 던지는 사람을 애써 외면한다

저녁 숲에 들어

산속에서 둥글넓적한 바위를 만났다
잠깐 걸터앉고 싶지만

산속 짐승들의 밥상이거나
고단한 개미 쉼터이거나
휘청거리는 바람의 울음터라면 어쩌나

바위에 기대 푸른 잎을 넓히는 나무들 여럿이다
기댈 언덕이 있어도
흙 속으로 흙 속으로 길을 잡는다

기대거나 짚고 일어서는 것들만 푸른 것은 아니다

저 캄캄한 흙 속에서 뿌리는
푸른 물을 찾아 몸을 불리며
더 먼 곳을 꿈꿀 것이다

뿌리는 제 몸이 향하는 허공을 다 알고 있는 것이다

눈물

느티나무 울음통에서 나오는 소리가
가슴을 틔워 만든 통로로 흘러든다

어미소와 송아지의 울음이 그랬고
구불구불한 눈물길에 빠지던
휠체어를 탄 소년의 울음도 그랬다

일렁이는 심장을
맞닿은 심장이 토닥인다
얼굴을 적시던 눈물이 무늬를 남긴다

구름에도 온갖 색깔이 있듯
작은 가슴속 빛깔이 궁금하지만
스스로 꺼내놓은 것만 읽기로 한다

휠체어 바퀴가 구름에 걸려 멈칫거린다

그악스러운 매미소리에

귀청이 따갑다고

잎새를 흔드는 느티나무

매미도 서럽고 나무도 서럽고 휠체어도 서럽지만

뛰어가는 걸음만 도착하는 것은 아니어서

사르르 웃어도 보는 것이다

집 터

내 몸은 남향인가 보다
수시로 염증이 터를 잡는다

봄 햇살 헤쳐가며 찾은 병원
돌보지 않은 밭에도 푸른 것들 무성하듯
내 몸속 어느 구석에 햇볕 쟁여져 있었나
알 수 없는 바람의 경로를 따라 뿌리내린 것들
비틀어도 뽑아도 다시 돋는다

잔뿌리 다보록한 저것들이 터 잡은
염증의 오후를 무어라 기록할까

기침에도 쓸리는 뿌리가 있고
무너지려는 둑을 움켜쥔 뿌리도 있지만
남향집에는 나무 그늘을 들이는 법이라고
혼잣말을 중얼거리지만

아무래도

내 몸에는 그늘이 많은가 보다

쉬어가는 것들이 많아

나는 간간히 기울거나 주저앉는다

※ 해설

낯선 시선과 압축된 비유가 주는 즐거움

공광규(시인)

1.

윤혜숙 시인은 2018년 《문학사랑》으로 등단해 시집 『손끝 체온이 그리운 날』을 낸 바 있다. 현재 바람시문학회 동인이다. 그의 시를 읽어가는 동안 농촌 제재에 대한 낯선 시선과 압축된 비유가 주는 즐거움에 매혹되어 한동안 머리가 즐거웠다. 특히 시인의 밀도 높은 비유적 문장이 주는 긴장감과 해방감 때문이었다. 인류가 이런 즐거움 때문에 시를 발견했구나 하는 생각이 들었다.

즐겁게 독자를 매혹시키는 윤혜숙의 시를 따라가다 보면 화자를 중심으로 소, 소와 아버지, 아버지와 어머니(또는 엄마), 어머니로 구획지어진다. 그리고 사물과 사건을 보는 낯선 시선과 발견, 비유의 즐거움을 느끼게 된다. 전자는 시의 제재 측면이고 후자는 표현 측면이다.

이 시집의 지배적인 심상은 소 또는 소와 관계된 일화들, 그리고 아버지와 어머니다. 형상화에 성공한 여러 시편이 소, 아버지, 어머니를 문장 속에 담아두고 있다. 지금 농촌은 기계화가 되어 소를 사용하지 않지만, 이전에 소는 전통적 농경사회에서 밭갈이와 논갈이를 하거나 짐을 실어 나르는 데 중요한 역할을 했다. 따라서 농경사회에서 소를 중요하게 여겼고 더불어 소는 큰돈을 마련하는 주요 수단이었다.

2.

시에서 소는 장날 아버지를 따라 나갔다가 팔려서 "둘둘 말은 신문지 속에서 등록금"(「어버이날」)이 되어 돌아온다. 그래서 생긴 말이 '우공탑'이다. 이 시집에서 소가 제재로 들어간 시편들은 적지 않다. 이를테면 「이별의 사육사」 「민들레」 「아무것도 아니다」 「눈물」 「부릅뜬다」 「아버지의 저울」 「어버이날」 등이다.

길 떠나는 까닭을 다 아는 어미소
흰자위 가득한 눈자위로 날뛰다가
김 펄펄 나는 헛바닥으로
새끼 등짝에 촘촘히 적어두는 이별사가 길다

느닷없는 배앓이의 밤처럼
앉지도 눕지도 못하는 송아지 곁으로
새들이 날아들었다, 날아갔다, 또다시 몰려든다

헌 신발짝처럼 벗어 놓은 코뚜레
외양간에 가득한 저것이 슬픔의 냄새라면
발버둥으로도 지울 수 없는
끊어 낼 수 없는
산목숨들의 모진 흔적

뒤꿈치 들고 내다보는
어미 떠난 길이 제 길인 줄 모르는
저 어린 것

쓸어줄 수도 없고 같이 울 수도 없어
풀더미나 뒤적이는

나는, 이별 사육사
꼬리 긴 울음쪽을 마냥 바라본다
　　—「이별의 사육사」 전문

    농경사회에서 소는 농민들이 재산을 증식하는데 큰 역할을 했다. 그래서 집에서는 물론 국가에서도 소를 중요하게 여겼다. 농촌경제의 근간인 소는 국가에서 관리하여 허가 없이 잡을 수 없도록 했다. 그리고 오래전부터 군이나 면 단위에서 별도로 구획한 우시장을 통해 거래가 이루어지도록 했다.

소가 새끼를 낳으면 어느 정도 시간이 지나 새끼를 팔거나 어미소를 팔기도 한다. 돈이 필요하거나 한 집에서 여러 마리를 키우려면 먹이를 감당하기 어렵기 때문이다. 시골에서 소를 키워본 경험이 있는 사람은 안다. 어미소는 자신이나 새끼소가 팔려가는 것을 미리 감지한다. 평소와 다르게 자신을 대하는 주인의 행동을 통해서 아는 것일까? 아무튼 끌려가는 소는 자신이 끌려가지 않으려고 눈에 흰자위가 보이도록 길길이 날뛰며 버티고 저항한다.

시에서 어미소는 자신이 끌려가는 것을 알고는 새끼소 등을 계속 핥고 있다. 시인은 이런 광경을 어미소가 새끼소 등에 이별사를 촘촘히 적어두는 것으로 상상한다. 어미소의 '이별사' 공세에 송아지는 당황해 "앉지도 눕지도 못하"는 상황이다. 이런 새끼소의 행동을 시인은 "느닷없는 배앓이의 밤"으로 표현한다.

여느 때와 마찬가지로 새들도 송아지 곁에 날아왔다가 날아간다. 외양간에는 먼저 팔려간 소가 벗어놓은 코뚜레가

"슬픔의 냄새"를 자극하고, 송아지는 이별사를 끝내고 팔려가는 어미소를 향해 "뒤꿈치를 들고 내다"볼 뿐이다.

이런 상황은 송아지가 크면 다시 재현된다. 어린 송아지는 "어미가 떠난 길이 제 길인 줄" 아직 모른다. 화자는 이런 "쓸어줄 수도 없고 같이 울 수도 없"는 처연한 상황을 어떻게 할 수가 없어 무연히 풀더미만 뒤적일 뿐이다.

위 시 「이별의 사육사」가 어미소와 새끼소의 이별을 처연하게 바라본 심경을 진술한 것이라면, 다음 시 「민들레」는 외양간 밖으로 나간 새끼소를 부르는 어미소와 오빠를 잃은 엄마의 심경과 행위를 병치한다.

> 탯줄 젖은 새끼에게
> 제가 가진 것 중 가장 부드러운 혀를 대지만
> 외양간 밖으로 나간 제 새끼를 부를 때는
> 커다란 눈에 흰자위만 보인다
>
> 뒤축 닳은 오빠의 신발이 집으로 돌아온 날 보았던
> 엄마의 눈이 그랬다
>
> 움켜쥔 흙으로 오빠를 덮던 저녁
> 어둑한 부엌에서 그 손으로 밥을 지었다

봄 햇살에도 잘린 가지에는 새순이 돋지 않듯
엄마의 가슴에는 잎새가 돋지 않았다

들녘의 꽃들이 곱고 예쁘지만
엄마의 계절에 새순 돋는 봄은 없다

뒤란 감나무 가지로 낯익은 바람이 지나갔다
　　―「민들레」전문

 소를 제재로 한 시들을 읽어가는 동안 시인의 관찰과 표현 능력이 남다르다는 느낌을 받게 되었다. 어미소가 새끼소에게 보여주는 자애로운 행위는 "제가 가진 것 중 가장 부드러운 혀를 대"는 것으로 형상된다. 이런 어미소의 행위는 외양간 밖으로 나간 새끼소를 부를 때 눈에 "흰자위"를 보인다. 사람이 눈에 흰자위가 보일 때는 거의 정신이 나간 상태이다. 눈앞에 아무것도 보이지 않는 극한의 상황이다.

 화자의 엄마도 마찬가지다. 오빠 대신 뒤축이 닳은 오빠의 신발이 집으로 돌아오자 엄마의 눈도 송아지를 밖에 둔 어미소와 마찬가지로 흰자위가 되었다. 모든 것을 잃은 엄마의 가슴에는 봄이 와도 "새순이 돋"을 리 없다. 계절도 들녘의 꽃들도 보일 리 없다. 시인은 짐승의 모성을 통해 엄마의 모성을 불러온다. 짐승과 사람의 모성이 동격임을 보여준다.

소를 통해 사람이나 다른 사물과 의미망을 연결시키는 능력은 보기 드문 사례다. 그의 시에서 소는 새끼를 두고 외양간을 떠나기도 하고, 아들을 잃은 엄마와 비유되기도 하고, "외양간으로 몰려든 참새 떼들에게/ 귀를 내어"(「부릅뜬다」) 주기도 한다. 화자에게 "맑은 구름이 흐르는 눈으로/ 밥 달라고 들이대"(「아무것도 아니다」)기도 한다. 또 "매듭 같은 코뚜레를 한 소"(「아버지의 저울」)는 화자의 아버지에게 "눈을 크게 뜨고, 길길이 날뛰"(「어버이 날」)던 회한의 대상이기도 하다.

3.

부모는 자신의 근원이다. 많은 시인이 부모가 있든 없든, 부자였든 가난했든, 조실부모했든 부모가 장수했든 상관없이 부모와 가졌던 다양한 경험과 감정을 시로 탄생시킨다. 그래서 부모는 시인을 낳지만, 시인은 부모를 시로 재탄생시킨다. 어떤 부모는 좋은 시인을 자식으로 둬 시 문장 속에서 영생하기도 한다.

윤혜숙의 시에는 현재 도시산업사회 이전 농경사회에서

살아낸 아버지와 어머니의 구체상이 핍진하게 진술되고 있다. 시 「아버지의 저울」, 「어버이 날」, 「벌은 날개로 운다」, 「먹지에 그린 잎」, 「아지랑이를 신고 오시네」에서는 아버지가, 시 「귀울음의 겨울」, 「민들레」, 「막차가 지나간다」, 「고요는 간절하다」, 「풍경」에서는 어머니가 언급된다. 시 「돼지머리 성전」에서는 아버지와 어머니의 일화를 언급한다.

    텃밭 일구던 아버지를 기억하는 감나무 옆으로
    젖니를 받아먹던 지붕도 늙어간다
    수시로 집을 짓던 거미
    귓속말까지 물어 나르던 참새, 생쥐 바글거리던 옛집을 그린다

    감나무에서부터 시작된 흉년
    딸 여섯에 아들 하나
    성글게 열린 열매는 실하다던데
    잎새만 무성하고 땡감으로 떨어졌다
    꼭지 무르고 땅에 떨어지기까지의 먼 길
    시퍼런 그림자가 몸집을 불린다

    삭지 않고 꺾이지 않는 가지
    숨구멍 같은 줄기까지 놓치지 않고 그리는데
    캄캄한 그늘을 색칠하는데

자식을 놓친 감나무
눈을 감지 못하고 껍질 툭툭 터진다

감나무 단풍 붉고 붉고 또 붉다
　　—「먹지에 그린 집」전문

　아버지가 일구던 텃밭과 "아버지를 기억하는 감나무", "수시로 집을 짓던 거미", "귓속말까지 물어 나르는 참새", "생쥐 바글거리는 옛집"의 정황으로 봐서 아버지는 시적 현재에서는 부재 상태이다. 아마 아버지는 늙어서 집을 떠났고, 지금은 아버지가 살던 감나무 옆 지붕도 늙어가고 있다. 산업화로 인력이 도시로 집중되면서 쇠퇴한 시골 풍경이 시 속에 고스란히 진술되고 있다.

　문장 속에 보이는 "딸 여섯에 아들 하나"와 "땡감으로 떨어졌다"는 비유가 화자의 가계에 대한 정보를 준다. 떨어진 땡감은 앞에 언급한 시「민들레」에서 언급한 "뒤축이 닳은" 신발만 집으로 돌아와 어머니 눈에 흰자위를 만들고 오열하게 만든 오빠일 것이다. 화자의 어머니처럼 "자식을 놓친 감나무"는 "눈을 감지 못하고 껍질"을 드러낼 뿐이다.

　시「아버지의 저울」에서도 아버지는 부재 상황이다. 살아

계실 적 아버지의 관심과 사랑으로 은유되는 저울은 화자 자신의 "쪽으로만 기울"었다. 그러나 부재가 된 현재 아버지의 '저울 추'는 가슴에 얹혀 있을 뿐이다. 이런 아버지의 부재가 길어지면서, 아버지는 화자의 일상 속에서 점점 잊혀져가고 있다는 것을 "날마다 더 차가워지는 아버지"로 암유한다. 아버지 옆에 "갓 피어난 할미꽃"이 아버지의 무덤을 암시하며 동시에 현실의 부재를 암유한다.

시 「어버이 날」에서는 "텅 빈 외양간 같은 아버지"를 통해 평생을 소와 같이하다 늙은 노년의 아버지를 비유한다. 시 「벌은 날개로 운다」에서는 "나의 하늘이 무너졌다"와 "소나무 뿌리를 이식한 아버지의 등"을 통해 무덤 속으로 간 아버지를 암시한다.

시 「아지랑이를 신고 오시네」는 검정 고무신과 두엄 더미 앞에 둔 장화와 "눈길 위에 털신", 그리고 "몇 번 신지 않을 구두"를 남기고 "아지랑이를 신고 오시는"이라는 표현을 통해 아버지의 부재를 암유한다. 벌은 날개로 운다, 소나무 뿌리를 이식한 아버지, 아지랑이를 신고 오시는 아버지 등 새로운 언어를 만나는 기쁨이 독자로서는 이만저만 아니다.

　　엄마는 내리지 않았는데

흙먼지 날리며 윗동네로 올라가는 버스

해를 보며 시간을 가늠하는 엄마는
십리 길의 어둠을 더듬더듬 오겠다고
문구멍으로 들여다보는 달그림자

엄마의 음식은
눈대중, 손대중으로 끓여도 간이 일정한데
해넘이로 어림잡은 시간은 늘 빗나간다

버스를 타고 달린다
세상 상처에 닳아빠진 반지와
숫자가 큰 시계를 두고 떠난 엄마가
바깥 풍경으로 스친다

버스에서 내려 땅을 보고 걷다가
애먼 돌을 발로 걷어차는데
이상해라
명치끝이 아리네
　―「막차가 지나갔다」 전문

　이 시에서도 엄마의 부재가 나타난다. 화자의 엄마는 "세상 상처에 닳아빠진 반지와/ 숫자가 큰 시계"를 두고 세상을 떠났다. 이런 엄마를 기다리는 시인의 심정이 화자의 행위를 통해서 잘 드러난다. 엄마는 현실에 없으므로 동네를 순회하는 막차가 지나가도 엄마는 내리지 않는다. 이런 부재의 엄마를 생각하는 심정이 명치끝을 시리게 한다.

"눈대중 손대중으로 끓여도 간이 일정한" 화자의 엄마는 봉숭아물을 들일 무렵 "열 손가락을 꽁꽁 동여맨"(「고요는 간절하다」)적이 있다. 시인은 국밥집에서 손님으로 온 엄마와 어린 형제가 국밥을 먹는 풍경을 보면서, 자신의 엄마를 떠올린다. 같은 공간에서 국밥을 먹고 있던 화자는 엄마가 생각나서 "남은 국밥을 후후 불면서 까닭 없이 불끈거"(「풍경」)린다.

4.

인간에 대한 질문은 영원하다. 인간의 문제를 다루는 시의 제재도 당연히 영원할 수밖에 없다. 다만 표현이 다를 뿐이다. 그러므로 시는 제재의 문제라기보다 표현의 문제다. 인류는 어떻게 인간의 문제를 표현할 것인가를 고민하다가 시를 발명했을 것이다. 그래서 시는 일상의 문장이라기보다 어떤 또 다른 영역의 문장이다.

특히 발성이 남다른 윤혜숙의 시를 읽다 보면 시는 제재가 아니라 표현이 중요하다는 생각이 든다. 아래 시 「저녁 숲에 들어」는 시인의 낯선 발상과 생태적 상상력이 발화된 걸작이다.

산속에서 둥글넓적한 바위를 만났다
잠깐 걸터앉고 싶지만

산속 짐승들의 밥상이거나
고단한 개미 쉼터이거나
휘청거리는 바람의 울음터라면 어쩌나

바위에 기대 푸른 잎을 넓히는 나무들 여럿이다
기댈 언덕이 있어도
흙 속으로 흙 속으로 길을 잡는다

기대거나 짚고 일어서는 것들만 푸른 것은 아니다

저 캄캄한 흙 속에서 뿌리는
푸른 물을 찾아 몸을 불리며
더 먼 곳을 꿈꿀 것이다

뿌리는 제 몸이 향하는 허공을 다 알고 있는 것이다
—「저녁 숲에 들어」 전문

화자는 산속에서 만난 바위에 잠시 걸터앉고 싶었지만, 혹시 바위가 짐승들의 밥상이거나, 고단한 개미의 쉼터이거나, 휘청거리는 바람의 울음터라면 어쩌나 하는 남의 생명과 무생물이지만 물리적 방향을 고려하는 생태적 상상을 한다. 그러면서 바위에 기대 푸른 잎을 내면서도 흙속으로 뿌리를 뻗는 나무를 사유한다. 흙속의 뿌리가 물을 찾아 몸을 불리며 더 먼 곳을 꿈꾼다는 상상력, 이런 뿌리가 자기의 몸인 나무가 향하는 허공을 다 알고 있다는 공간적 상상이 이 시의 감동을 배가시킨다.

어쩌면 이 시는 "시시때때로 드나들던 까치들/ 이제 어디 가서 밥을 먹나"(「느닷없이」)와 문맥을 같이 한다. 아래 시 「폐그물」에서 시인은 시적 대상을 객관적 거리에 두고 바라본다. 이 시는 어쩌면 "모든 먹이는 싸움에서 나온다"(「병천 오일장」)는 명제와 같이 한다.

    거미줄에 걸린 다급한 날갯짓을
    고요히 지켜보는 가로등

    발버둥칠수록 죄어오는 작은 가슴의 팔딱임을 본다

    거미도 나방도 아무 상관없는 별과 달은

저만큼 물러나 있고

아카시아꽃처럼 피었다 시든 사람이 있어
가로등 불빛으로 뛰어든 나방도 되어 보았고
밤낮 가슴을 도는 연자매에 통증의 껍질을 벗긴 적도 있었다

벌레 먹은 푸른 잎사귀
살점이 뜯기고 실핏줄 다 들어나서

바람 숭숭 드나든다

허공에 폐그물을 던지는 사람을 애써 외면한다
　―「폐그물」 전문

  시적 대상을 바라보는 화자의 시선은 앞에 시 「저녁 숲에 들어」와 정 반대다. 앞에 시가 시적 대상을 대하는 방식이 감성적이고 생태적이라면, 시 「폐그물」은 상당히 이성적이고 객관적이다. 거미줄에 걸린 나방의 다급함을 "조용히 지켜보는 가로등"과 거미든 나방이든 아무 상관없이 저만큼 물러나 있는 "별과 달"의 시선은 시인의 시선을 투영한 것이다.
  이런 이성적이고 객관적 판단은 화자 자신이 살아오면서

얻은 체화된 경험 때문이다. 화자는 "아카시아꽃처럼 피었다 시든 사람이 있어/ 가로등 불빛으로 뛰어든 나방도 되어 보았"다고 고백한다. 또 "밤낮 가슴을 도는 연자매에 통증의 껍질을 벗긴 적도 있었다"며 서정적 고백을 한다. 때문에 화자는 "허공에 폐그물을 던지는 사람을 애써 외면"하게 된 것이다.

5.

윤혜숙 시인은 모든 제재를 압축된 비유로 표현하는 데 익숙하다. 때문에 그의 화법은 제재를 낡아 보이게 하지 않는다. 또 그의 시를 읽어가다 보면 화자를 중심으로 소, 소와 아버지, 아버지와 어머니가 어떤 모둠으로 구획되는 것을 느끼게 된다. 그리고 사물과 사건을 보는 낯선 시선과 발견, 비유가 독자를 즐겁게 한다.

그는 농촌을 중심으로 한 아버지와 어머니, 오빠 등 인물들의 일화와 사건을 현재 시점에서 회고적으로 바라보는 경우가 있지만, 그렇다고 지루한 언어는 그렇게 발견되지 않는다. 시의 제재가 현재의 도시사회와 조금 떨어진 농촌사회이기는 하지만 낯선 시선과 비유적 표현들이 시를 낡아 보이게 하지 않는다.

아울러 바위를 산짐승이나 개미나 바람의 소유로 보는 시인의 따뜻한 생태적 사유와 "할머니가 흘러가는 방식은 구름을 닮았다"는 시간 의식, "나는/ 북채 앞에 엎드린 북이다/ 벙어리 울음을 두들겨 맞는 낡은 북이다"라고 외치는 처절한 자기 고백도 눈길을 끈다. 압축된 비유적 문장이 주는 즐거움이 가득한 이 시집을 많은 독자들이 만나길 소망한다.

현대시학시인선 128

이별 사육사

초판 1쇄 발행	2023년 7월 20일
지은이	윤혜숙
발행인	전기화
책임편집	고미숙
발행처	현대시학사
등록일	1969년 1월 21일
등록번호	종로 라 00079호
주소	서울시 종로구 계동길 41
전화	02. 701. 2341
블로그	http://blog.daum.net/hdsh69
이메일	hdsh69@hanmail.net
배포처	(주)명문사 02. 319. 8663
ISBN	979-11-92079-80-6 03810

○ 책값은 뒤표지에 있습니다.
○ 이 책의 판권은 지은이와 현대시학사에 있습니다.
  이 책 내용의 전부 또는 일부를 재사용하려면 반드시 양측의 서면 동의를 받아야 합니다.
○ 잘못 만들어진 책은 구입하신 서점에서 교환해드립니다.

* 이 시집은 충청남도 충남문화재단에서 사업비 일부를 지원받아 발간되었습니다.